Animales resbalosos

La medusa

Lola M. Schaefer

Traducción de Patricia Cano

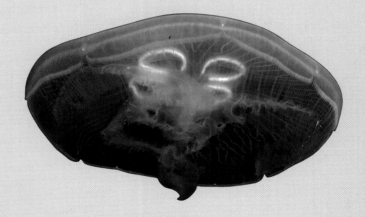

Heinemann Library

Chicago, Illinois

Customer Service 888-454-2279
Visit our website at www.heinemannlibrary.com

Designed by Suzanne Emerson/Heinemann Library and Ginkgo Creative, Inc.
Printed and bound in the U.S.A. by Lake Book

06 05 04 03 02
10 9 8 7 6 5 4 3 2 1

Library of Congress Cataloging-in-Publication Data
Schaefer, Lola M., 1950-
  [Jellyfish. Spanish]
  La medusa / Lola Schaefer.
      p. cm. — (Animales resbalosos)
Includes index
Summary: Provides a basic introduction to jellyfish, including their habitat, diet, and physical features.
  ISBN 1-58810-765-5 (HC), 1-58810-809-0 (Pbk.)
  1. Jellyfishes—Juvenile literature. [1. Jellyfishes. 2. Spanish language materials.]
  I. Title. II. Series: Schaefer, Lola M., 1950-. Ooey-gooey animals. Spanish.
  QL377.S4 S3318 2002
  593.5'3—dc21

                                        2001051494

Acknowledgments
The author and publishers are grateful to the following for permission to reproduce copyright material:
Title page, pp. 5, 17 Brandon D. Cole/Corbis; pp. 4, 18 Index Stock Imagery, Inc.; p. 6 Stephen Frink/Corbis; pp. 7, 9, 11, 15 Wernher Krutein/Photovault; p. 8 W. Wayne Lockwood, M.D./Corbis; p. 9 Photovault; p. 10 Cordaiy Photo Library Ltd./Corbis; p. 12L Jeffrey L. Rotman/Corbis; p. 12R Kim Saar/Heinemann Library; p. 13 Howard Hall/HHP; p. 14 Corbis; p. 16 Amos Nachoum/Corbis; p. 19 Norbert Wu Photography; p. 20 Karen Gowlett-Holmes; p. 21 Peter Parks/IQ-3D/Mo Yung Productions/Norbert Wu Photography; p. 22 Photovault

Cover photograph courtesy of Brandon D. Cole/Corbis

Every effort has been made to contact copyright holders of any material reproduced in this book. Any omissions will be rectified in subsequent printings if notice is given to the publisher.

Special thanks to our bilingual advisory panel for their help in the preparation of this book:
Aurora García
Literacy Specialist
Northside Independent School District
San Antonio, TX

Argentina Palacios
Docent
Bronx Zoo
New York, NY

Ursula Sexton
Researcher, WestEd
San Ramon, CA

Laura Tapia
Reading Specialist
Emiliano Zapata Academy
Chicago, IL

Special thanks to Dr. Randy Kochevar of the Monterey Bay Aquarium for his help in the preparation of this book.

Unas palabras están en negrita, **así.**
Las encontrarás en el glosario en fotos de la página 23.

Contenido

¿Qué es la medusa?

La medusa es un animal sin huesos.

Es un **invertebrado**.

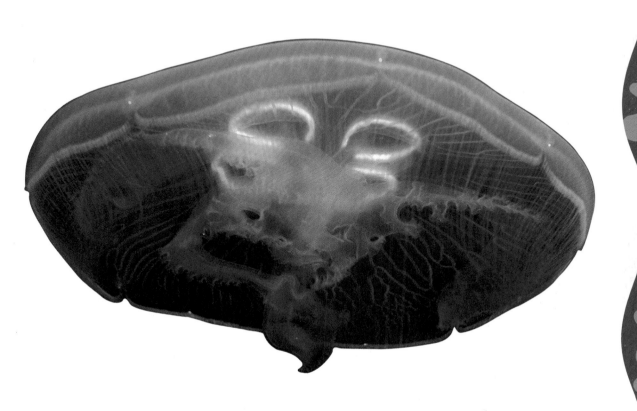

El cuerpo de la medusa está
lleno de **gel.**

El gel es transparente y gelatinoso.

¿Dónde vive la medusa?

Todas las medusas viven en el agua.

La mayoría viven en los mares.

Las medusas viven en agua fría
o templada.

Pueden vivir cerca de la costa
o en aguas profundas.

¿Cómo es la medusa?

La medusa puede ser transparente o de color.

El cuerpo de la medusa se llama **campana**.

campana

tentáculo

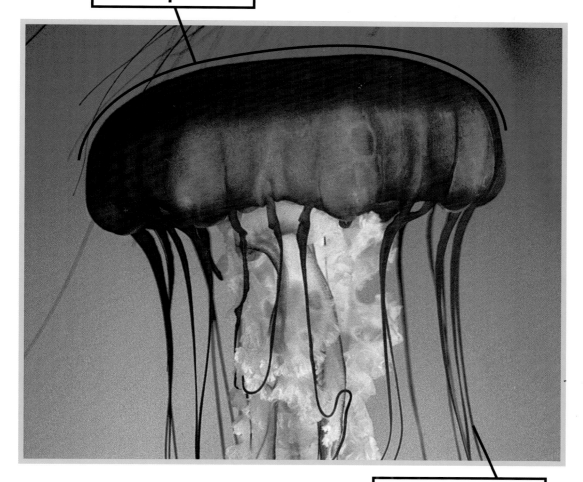

La campana parece una sombrilla o una burbuja.

De la campana cuelgan **tentáculos**.

¿Cómo es la textura de la medusa?

mucosa

La medusa es suave y resbalosa.

Tiene el cuerpo cubierto de **mucosa**.

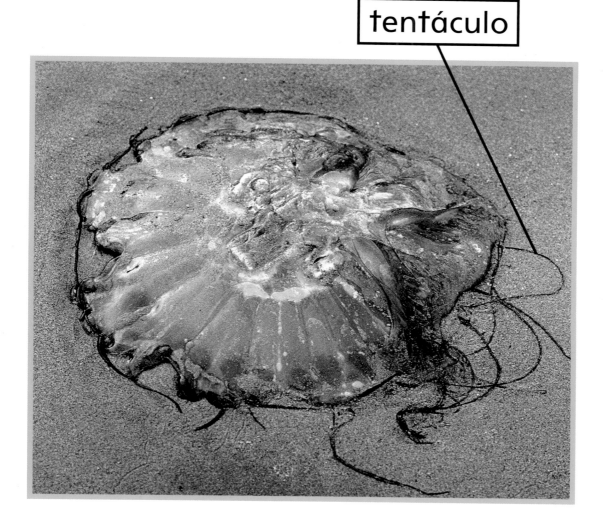

tentáculo

No debemos tocar las medusas.

Los **tentáculos** nos pueden irritar.

¿De qué tamaño es la medusa?

La **campana** de la medusa puede ser muy grande.

Pero unas medusas son tan pequeñas como un centavo.

Los **tentáculos** pueden ser muy largos.

Estos tentáculos son más largos que el buzo.

¿Cómo se mueve la medusa?

La **campana** se llena de agua y se cierra.

La medusa se impulsa con el agua.

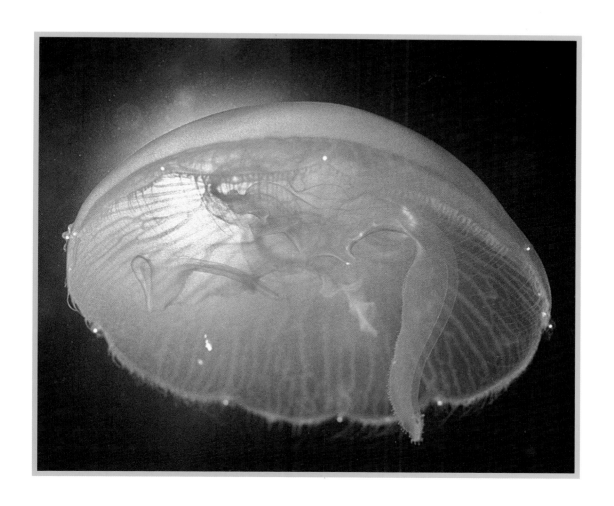

A la medusa también la mueven
las olas.

¿Qué hace la medusa todo el día?

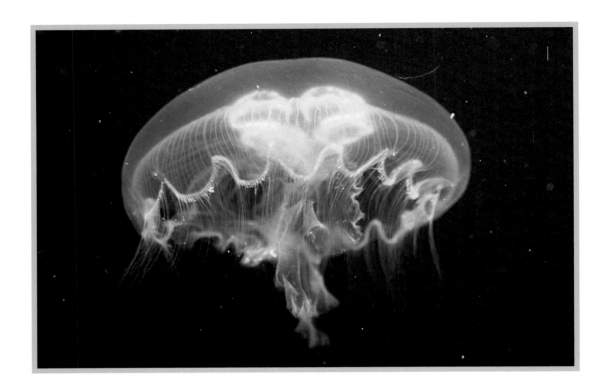

La medusa pasa el día
nadando y buscando alimento.

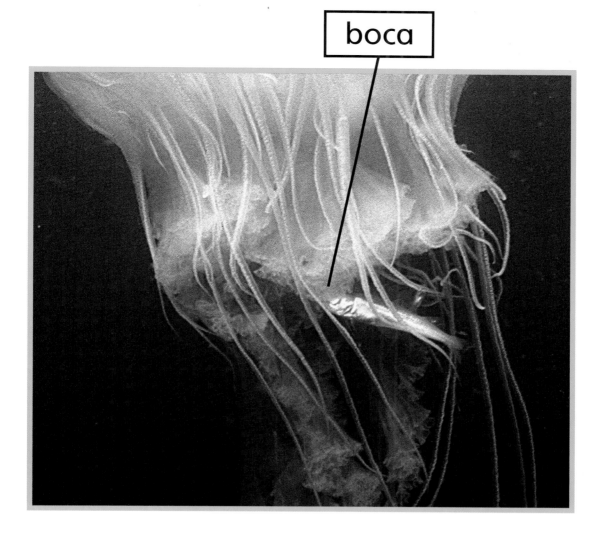

boca

Debajo de la **campana** tiene
la boca.

Los **tentáculos** llevan el alimento
a la boca.

¿Qué come la medusa?

La medusa come otros animales del mar.

Come animalitos y peces.

Los pica con los **tentáculos** y luego
se los come.

¿Cómo se reproduce la medusa?

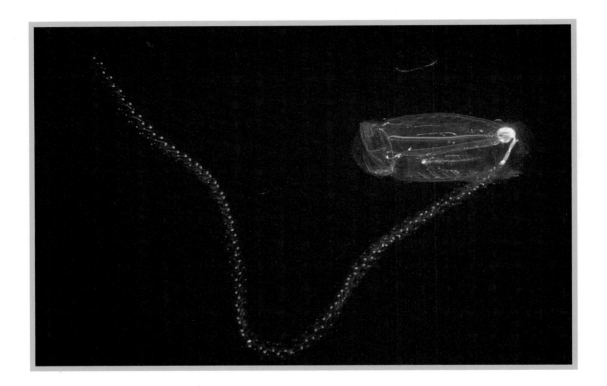

Las medusas adultas ponen huevos en el agua.

De los huevos salen crías.

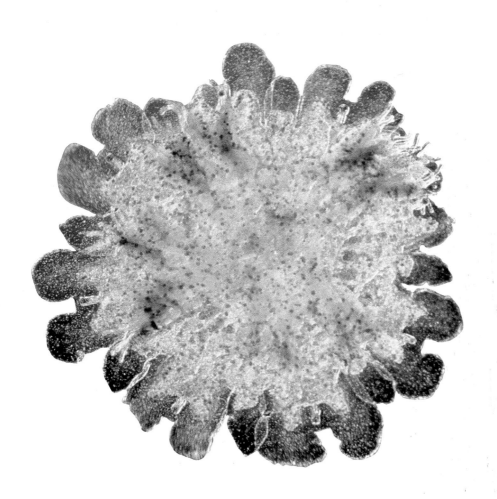

A las crías les salen unos discos.

Los discos se despegan y crecen.

Prueba

¿Qué son estas partes?

Búscalas en el libro.

Busca las respuestas en la página 24.

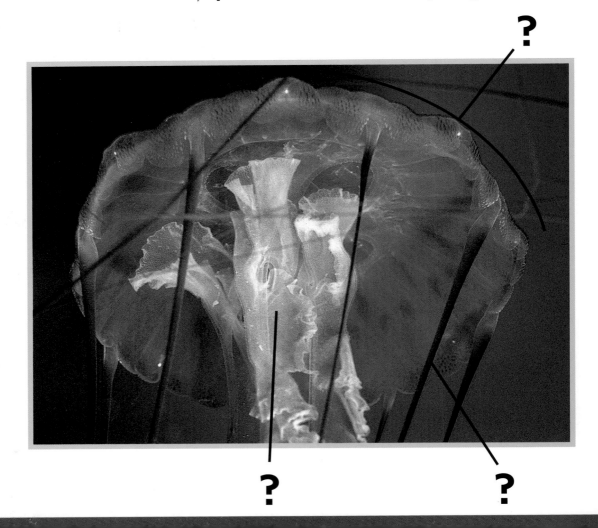

?

?

?

Glosario en fotos

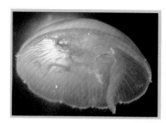

campana
páginas
8, 9, 12, 14, 17

mucosa
página 10

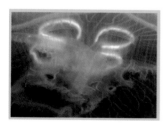

gel
página 5

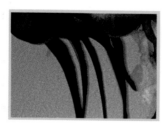

tentáculos
páginas
9, 11, 13, 17, 19

invertebrado
página 4

Nota a padres y maestros

Leer para buscar información es un aspecto importante del desarrollo de la lectoescritura. El aprendizaje empieza con una pregunta. Si usted alienta las preguntas de los niños sobre el mundo que los rodea, los ayudará a verse como investigadores. Cada capítulo de este libro empieza con una pregunta. Lean la pregunta juntos, miren las fotos y traten de contestar la pregunta. Después, lean y comprueben si sus predicciones son correctas. Piensen en otras preguntas sobre el tema y comenten dónde pueden buscar la respuesta.

PRECAUCIÓN: Recuérdeles a los niños que no deben tocar animales silvestres. Recuerde a los niños que deben lavarse las manos después de tocar cualquier animal.

Índice

Respuestas de la página 22

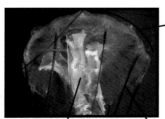

campana

boca tentáculo